NOS GROTESQUES

PAR

CHAM

Pas solide, ce monument-là !

PARIS

ARNAULD DE VRESSE, ÉDITEUR

55, RUE DE RIVOLI, 55

— Ah ! monsieur, par ces temps de guerre vous pou-
viez finir si utilement

Essai de la nouvelle voiture pour les courses.

Succès des nouvelles cravates-Ceylon auprès des autres
chevaux.

— Ma fille épouser un Anglais ! jamais ! qu'ils nous
rendent nos cent mille francs alors !

— J'ai été voir les courses.
— Et tu ne rapportes pas les 100,000 francs ? J'y comptais tellement que je viens de m'acheter une robe neuve.

— C'est ça ! crie-lui dans l'oreille qu'il vient de gagner le prix de 100,000 francs, afin que son jockey ne le mette pas dedans.

— Mais, Joseph, si tu as du cœur, enfourche le premier cheval venu et tâche de rattraper les 100,000 francs que vient de nous enlever l'Angleterre, sinon je ne te fais plus à dîner !

Les parieurs montant désormais avec le jockey pour veiller à ce qu'il coure convenablement.

— Mais marchez donc !
— Merci ! Je n'ai pas envie de me fatiguer, je ménage mes forces pour faire le coup de poing dans l'enceinte du pesage.

Nouvelle tenue pour jockey dans l'enceinte du pesage.

— Mais allez donc ! qu'est-ce que ça fait que vous vous cassiez le cou? J'ai parié une bouteille, vous allez me la faire perdre !

— Gladiateur, mon chéri, mange, je t'en supplie ! Ceylon te fait ses excuses. La France est à tes pieds.

— Monsieur, arrêtez ! cela ne nous intéresse plus ! la
guerre est commencée !

— Je vous en supplie, canonniers ! donnez-moi le temps
d'écrire à mon agent de change.

— Je vais dire à mon agent de change de ne pas vendre.
C'est bien mauvais signe quand les militaires se coiffent
comme ça !

— Va monter ta garde, mais ne prend pas de fusil.
sera une façon de protester contre les armements de
l'ope.

Pas solide, ce monument-là !

— C'en est fait ! plus qu'une valeur ayant cours ! la valeur militaire !

Le *Charicari* engage la Prusse à organiser un escadron de
pieuvres appelées à faire le vide dans les rangs ennemis.

— Saperlote ! Françoise, ne cognez donc pas les portes
comme ça ! on va croire que c'est le canon. Vous ferez
baisser la Bourse.

— Un pifferaro italien ! Je vais lui donner un sou, je lui demanderai s'il a des nouvelles de chez lui, cela m'économisera d'acheter un journal de trois sous

— Tarteifle ! avec leurs fusils à aiguille ils me font l'effet de vous envoyer l'étui avec.

Nouveau mode d'exposition de l'espèce chevaline.

— Monsieur, je viens de recevoir les instructions de mon gouvernement, il m'est défendu de faire votre jeu.

Le roi de Bavière faisant jouer le *Tannhauser* sur les derrières de son armée, bien sûr que cela la fera fuir en avant.

— Attention ! surtout ne visez pas à la tête, ce sont des Allemands ! vos balles s'aplatiraient.

Nouveaux costumes pour les marchands de journaux.

— Où vas-tu ?
— Dans le quadrilatère.
— Oscar, pense à tes enfants !

— Quelle chance qu'il fasse chaud comme ça ! Ça va joliment éreinter les Autrichiens !

— Quelle infamie ! dégarnir l'aile gauche de l'armée italienne pour attacher son châle

— Mon ami, je t'en supplie, ne pique pas encore tes épingles. On dira que c'est toi qui as commencé, tu compromettrais tout.
— Allons ! j'accepte le congrès.

— Malheur ! plus une seule épingle italienne ! C'est toi ou ta bonne qui avez trahi l'Italie !

— Comment, Joseph, tu t'es mis cocher de fiacre ?
— Oui, madame : je veux jouir de nos libertés

LA LIBERTÉ DES FIACRES.

— Ce sera vingt sous et j'embrasserai madame, c'est mon dernier mot.

— Un fiacre qui vient de me passer dessus
— Écoute donc, mon ami, c'est peut-être son droit avec la nouvelle liberté des voitures.

— Mais, cocher, vous ne me menez pas où je vous ai dit ?
— Madame, avec la liberté des voitures, je vous mène où je veux.

— Mais c'est une horreur ! je ne veux pas être menée
par un cocher dans une tenue pareille !
— Madame, il fait chaud et les cochers sont libres.

LA LIBERTÉ DES VOITURES.

— Vos prix sont plus bas que ceux des autres cochers ?
— Madame c'est à cause de ma voiture qui est cassée
la roue de derrière se détache à chaque instant.

— Courage, mon ami ! seriez-vous moins heureux que
les fiacres ? Les voilà libres !

A L'ODÉON.

— Mais ce n'est pas dans la pièce ce que vous me souf-
flez là.
— Je sais bien, monsieur d'Estrigaud, je vous parle de
ce pauvre Luxembourg.

Les ambassadeurs chinois ayant peur de se perdre dans les rues de Paris.

Les ambassadeurs chinois se laissant embobiner par ces dames.

— Fais donc attention, Amanda. C'est un pigeon pour nous, mais pas pour l'établissement. On te le ferait payer à part.

— Mon cher, je tire les pigeons. Je ne te dis que ça.
— Moi, ma chère, je casse les poupées, te voilà prévenue !

Ouverture d'une école préparatoire pour ces dames.

— Dis donc, ma chère, ça ne vaut rien, si nous les ha-
bituons à partir comme ça devant nous. Je préfère les re-
tenir pour les plumer.

— Les *Apôtres*, de M. Renan, s'il vous plaît !

M. Renan lit dans son journal la confiscation des biens
du clergé italien.

Toutes ces dames perdant leurs pantoufles à la sortie de *Cendrillon* dans l'espoir d'attirer chez elles le prince Charmant ou autres.

— Je vous dis que vous m'avez pris mon protecteur.
— Et moi je vous dis que je n'ai pas de *comte* à vous rendre.

— Ne fais pas attention, chère amie ! c'est la société des gens de lettres qui délibère dans cette maison.

— Amanda, rends-moi mes lettres.
— Nous verrons ça quand on aura décidé la question de la propriété littéraire.

Peignant le siècle de Charlemagne dans l'hôtel des Invalides, M. Bénédict Masson se ressent de son entourage.

— Très-content ! L'expérience a réussi chaque fois. Voici mon dernier vaisseau, il y a passé comme les autres.
— Vous voilà tranquille ! Vous ne craignez plus rien maintenant pour votre flotte.

— Comment ! un homme dans ta position sociale !
— Que veux-tu ? Je n'ai pu me faire admettre comme dineur et je désire y assister.

La belle et bonne musique ne suffisant plus pour réussir aujourd'hui, Fior d'Aliza s'exerce à l'effet de jambe de Mme Barbe Bleue.

— Tu ne salues donc que de ce côté ?
— Toujours du côté de l'entrée. Jamais du côté de la sortie !

Le célèbre publiciste de la *Liberté*, avec sa manie de faire le mort, quitte sa loge pour aller se fourrer dans le tombeau du Commandeur.

L'île de Guernesey n'ayant rien à envier à l'île de Rhodes, elle aussi a son colosse.

Fanfan Benoiton à la dernière de la pièce de M. Sardou.

CLICHY. — Impr. MAURICE LOIGNON et Cie, rue du Bac d'Asnières, 12.